mamma

мама

papà

папа

bambino

мальчик

bambina

девочка

1

uno

один

2

due

два

3

tre

три

4

quattro

четыре

5

cinque

пять

6

sei

шесть

7

sette

семь

8

otto

восемь

9

nove

девять

10

dieci

десять

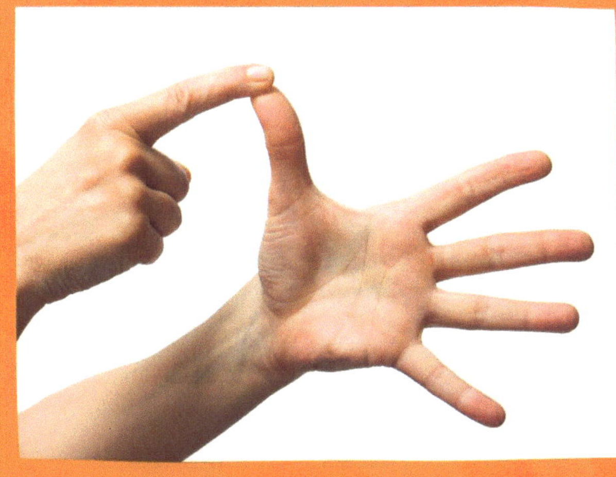

contare

считать

scrivere

писать

disegnare

рисовать

dipingere

раскрашивать

cerchio

круг

rettangolo

прямоугольник

quadrato

квадрат

triangolo

треугольник

stella

звезда

nero

черный

bianco

белый

marrone

коричневый

rosso

красный

blu

синий

giallo

желтый

verde

зеленый

viola

фиолетовый

grigio

серый

arancione

оранжевый

rosa

розовый

mela

яблоко

banana

банан

ananas

ананас

cocomero

арбуз

pera

груша

uva

виноград

mango

манго

pesca

персик

fragola

клубника

ciliegia

вишня

arancia

апельсин

cocco

кокос

limone

лимон

fungo

гриб

mais

кукуруза

pomodoro

помидор

zucca

тыква

cetriolo

огурец

carota

морковь

patata

картофель

zucchina

цуккини

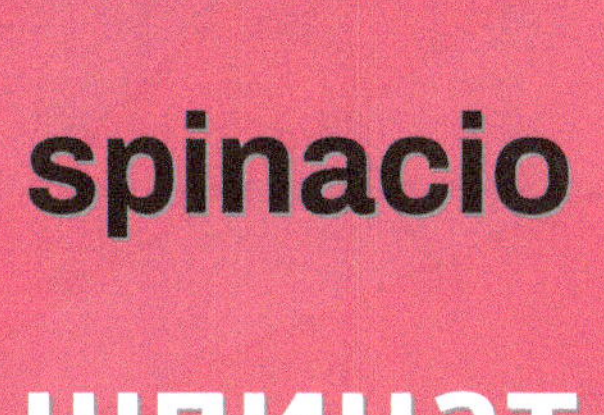

spinacio

шпинат

cavolfiore

цветная капуста

uovo

яйцо

piatto

тарелка

cucchiaio

ложка

coltello

нож

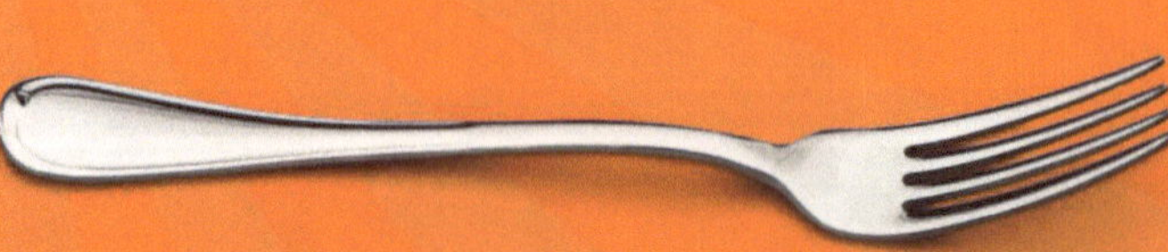

forchetta

вилка

torta

торт

biberon

детская бутылочка

caramelle

конфеты

formaggio

сыр

bere

пить

mangiare

есть

caldo

горячий

freddo

холодный

 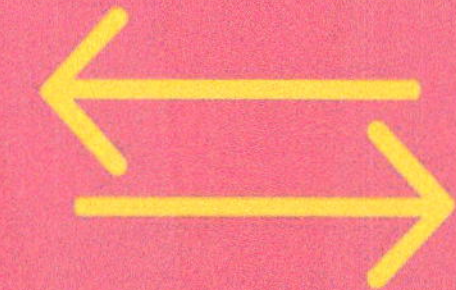 

piccolo

маленький

grande

большой

 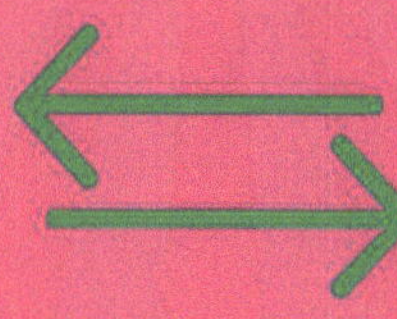

corto

короткий

lungo

длинный

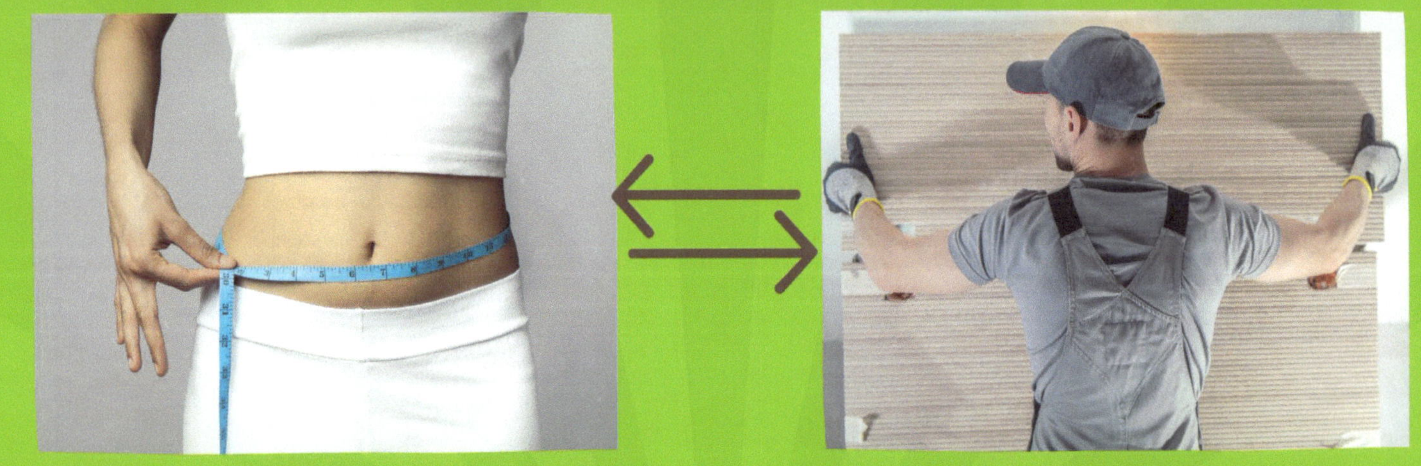

sottile

тонкий

largo

большой

facile

лёгкий

difficile

сложный

alzarsi

стоять

sedersi

сидеть

dolce

сладкий

salato

соленый

pesante

тяжелый

leggero

легкий

dentro

в

fuori

вне

sporco

грязный

pulito

чистый

chiudere

закрытый

aprire

открытый

matite

карандаши

orologio

часы

chiave

ключ

libro

книга

letto

кровать

culla

детская кроватка

tavolo

стол

sedia

стул

automobile

автомобиль

bicicletta

велосипед

aereo

самолёт

barca

лодка

treno

поезд

elicottero

вертолёт

camion dei pompieri

пожарная машина

pompiere

пожарный

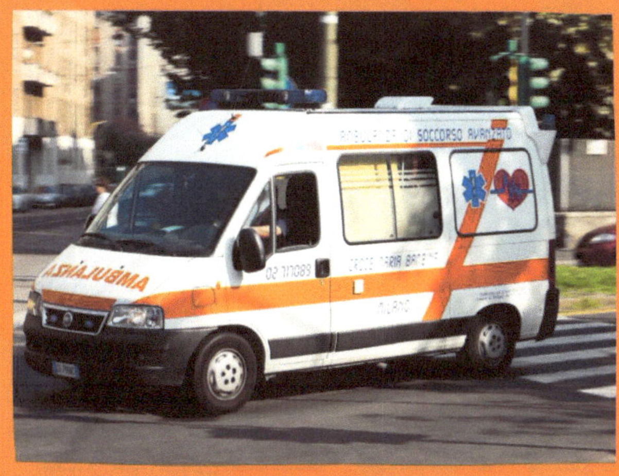

ambulanza

скорая помощь

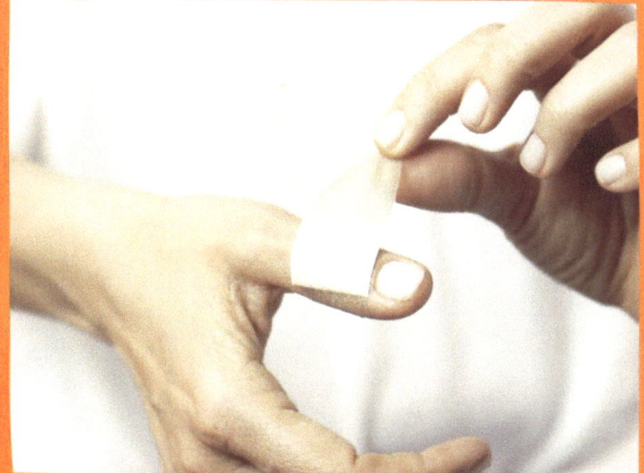

benda

бинт

paramedico

фельдшер

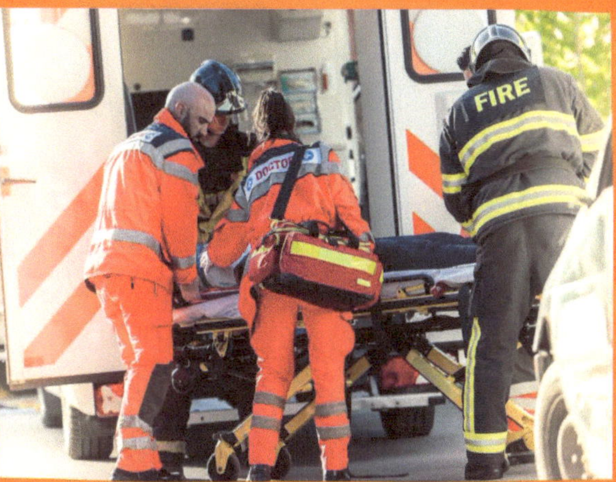

squadra di soccorso

спасательная команда

foresta

лес

montagna

гора

erba

трава

sabbia

песок

albero

дерево

fiore

цветок

farfalla

бабочка

formica

муравей

gatto

кошка

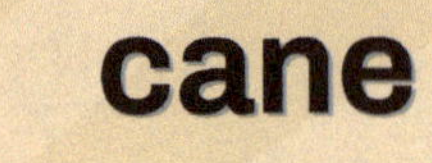

cane

собака

cavallo

лошадь

topo

мышь

mucca

корова

maiale

свинья

pecora

овца

anatra

утка

oca

гусь

coniglio

кролик

pesce

рыба

veterinario

ветеринар

dottore

врач

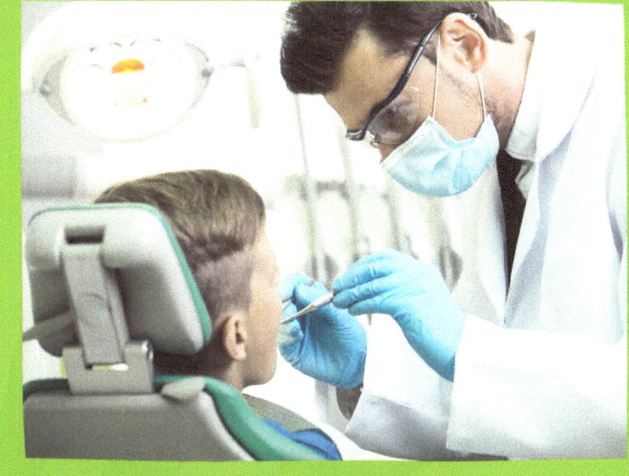

dentista

стоматолог

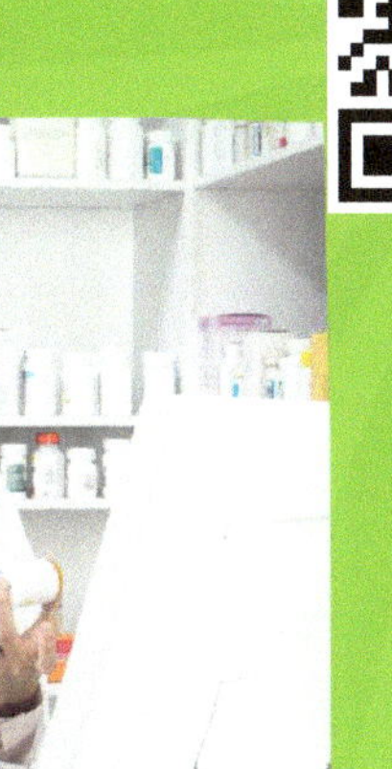

farmacista

фармацевт

infermiere

медсестра

testa

голова

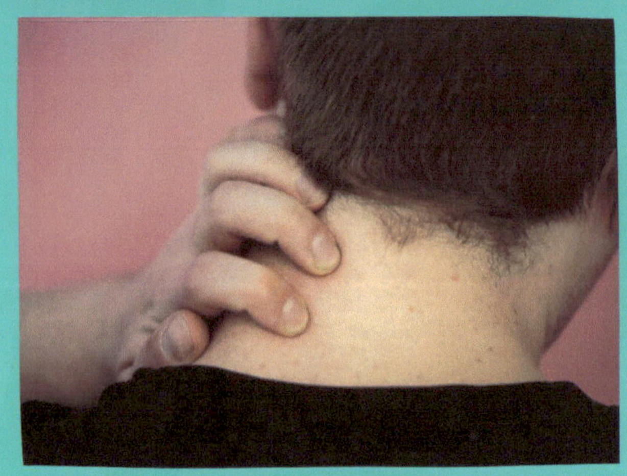

collo

шея

piede

ступня

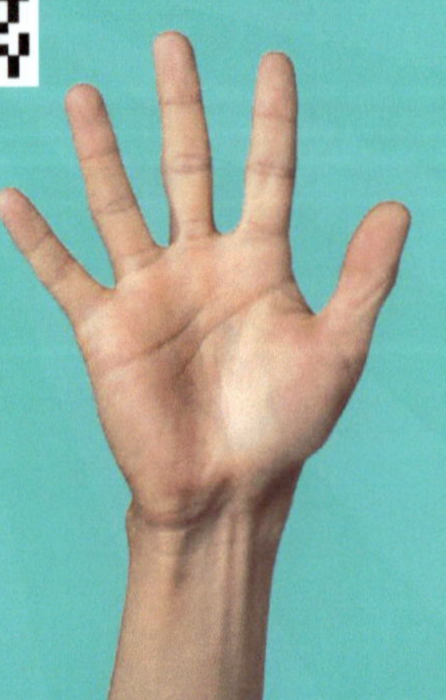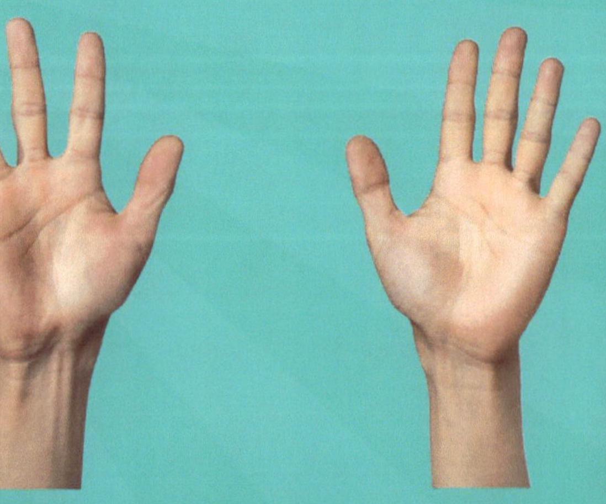

mano

рука

denti

зубы

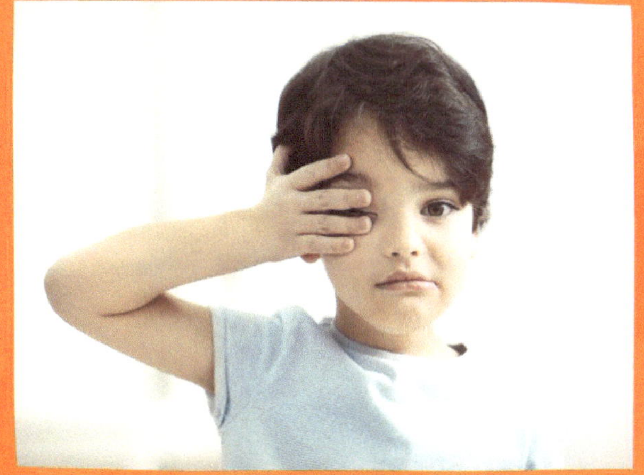

occhio

глаз

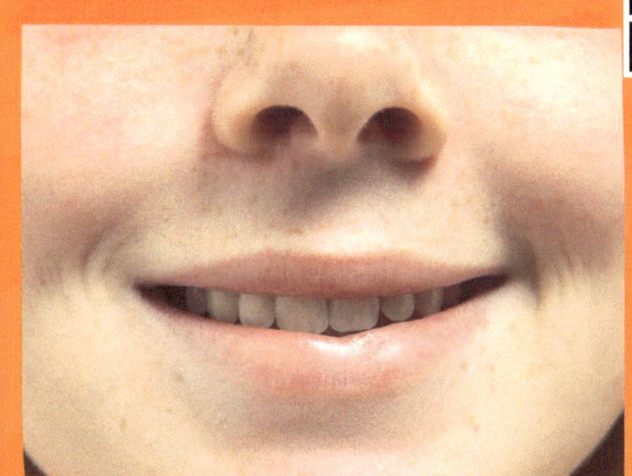

bocca

рот

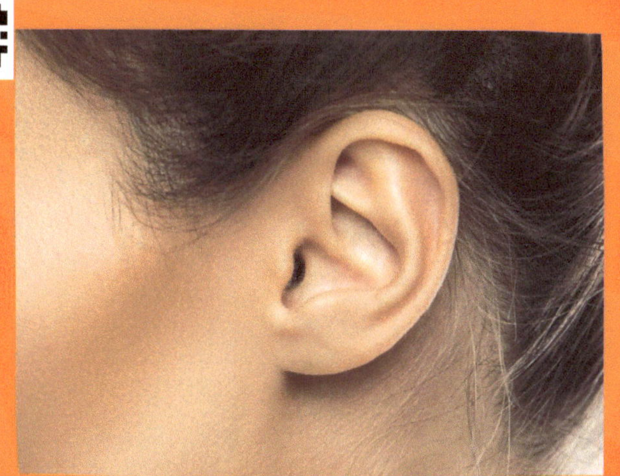

orecchio

ухо

cappello

шляпа

pantaloni

штаны

vestito

платье

scarpe

обувь

cappotto

пальто

sciarpa

шарф

ombrello

зонт

occhiali

очки

sole

солнце

nuvoloso

облачный

piovoso

дождливый

luna

луна